FREIGEISTIGE FRAGMENTE

(eine Weltanschauung)

AF138978

Herstellung und Verlag:
BoD - Books on Demand, Norderstedt
ISBN 9783735781017

INHALT

Das große Rätsel   5

Mut zum eigenen Verstand   8

Das Endliche im Unendlichen   11
    Woher wir kommen
    Wohin wir gehen

Der Sinn des Lebens   18
    Der objektive Sinn
    Der subjektive Sinn

Fragezeichen in der Finsternis   25
    Was war vor dem Urknall?
    Wie wirklich ist die Wirklichkeit?
    Wo endet der Raum?
    Was weiß das Unterbewusstsein?

Sein oder Nichtsein   33
    In der Nähe des Todes leben
    Vom Dasein zum Selbstsein

Gott ist tot   40
    Die Macht der Religionen
    Ehrfurcht vor dem Leben
    Die kosmische Unsterblichkeit

Das verlorene Paradies   48
    Der Zustand unseres Planeten
    Verweigern ist nicht Verzichten
Führen und Wachsen lassen   54
    Die Welt verändern
    Lernziel leben
Zeit oder Geld   62
    Der wahre Reichtum
    Ein breiter Rand am Leben
Das Leben als Kunstwerk   68
    Den eigenen Weg gehen
    Die Stimme des großen Geheimnisses
    Mit dem Herzen sehen
    Der Weg zur tiefsten Freude
    Stolzes Sterben
Talisman   80

Vorwort

Die in diesem kleinen Weisheitsbüchlein enthaltenen großen Erkenntnisse, Gedanken und Aphorismen habe ich im Laufe von drei Jahrzehnten aus der Endlosigkeit des Gedruckten herausgefischt. Bei diesen Fundstücken handelt es sich um sinngemäß übernommene Quellen, die von mir im Laufe der Zeit zudem vielfältige Umformulierungen erfuhren. Die Grenze zwischen eigenem und fremdem Gedankengut verschwamm dabei zusehends, so dass mir ein exaktes Zitieren nicht mehr möglich ist. Doch es handelt sich hier auch nicht um einen wissenschaftlichen Text, sondern um einen zutiefst existenziellen. Sein schöpferischer Akt liegt darin, weise Worte auszuwählen, durch sich selbst zu filtern und zu FREIGEISTIGEN FRAGMENTEN zusammenzufügen. Wenn der interessierte Leser sich intensiver mit den Quellen beschäftigen möchte, sei ihm die in jedem Fall lesenswerte Lektüre der Werke meiner auf S. 70 erwähnten Seelenverwandten empfohlen.

Für mich
um das Wesen der Dinge zu begreifen
um meine eigene Bibel zu schreiben
um zu werden der ich bin

Für euch
zur Inspiration

4

Das große Rätsel

Das Leben ist ein einziges großes Rätsel: Wir werden in eine Zeit geboren, die human oder menschenverachtend sein kann. In ein Land, das friedlich oder kriegerisch sein kann. An einem Ort, der wunderschön oder hässlich sein kann. In eine Familie, die reich oder arm sein kann. Mit Eltern, die uns behüten oder vernachlässigen können. All das können wir uns nicht aussuchen.

Und so treiben wir eine begrenzte Zeit mit 7 Milliarden Schicksalsgefährten auf unserem Heimatplaneten durch den unendlichen Raum. Wir treffen einige unserer Zeitgenossen, stellen uns einander vor und gehen ein Stück des Weges gemeinsam. Dann verlieren wir uns wieder aus den Augen und früher oder später, nach einigen Umkreisungen mit der Erde um die Sonne, verschwinden wir ebenso plötzlich und unerklärlich, wie wir gekommen sind.

Unser Leben ist eine Reise von einem Unbekannten zum anderen. Ob ich geboren wurde oder gestorben bin, wissen die meisten Menschen gar nicht. In jeder Sekunde werden eine Handvoll Menschen geboren und ebenso viele sterben.

Bevor wir da waren, fehlte der Welt nichts. Und wenn es uns nicht mehr gibt, wird ihr auch nichts fehlen. Die blaue Perle dreht sich unbeirrt weiter um die warme Sonne und treibt gemeinsam mit ihr weiter durch den dunklen, kalten Weltenraum...

Woher kommen wir und wohin gehen wir?
Warum leben wir eigentlich?
Hat unser Leben einen Sinn?
Welche Kräfte lenken den Weltenlauf?
Gibt es ein Schicksal?
Was ist das Wichtigste im Leben?
Gibt es ein Leben nach dem Tod?

Sobald für einen heiligen Augenblick solche grundlegenden Fragen des Lebens auftauchen, die über den Tellerrand unseres alltäglichen Daseins hinausgehen, müssen wir ehrlicherweise feststellen, dass wir trotz tausendjährigen Philosophierens noch nicht wirklich weit vorangekommen sind.

Von den ersten Mythen der frühen Hochkulturen über die Philosophien des Altertums und die Religionen des Mittelalters bis hin zur Metaphysik der Neuzeit vollzogen sich große Erkenntnisfortschritte und kulturelle Wandlungen.

Doch wenn es um diese grundlegenden Fragen unserer Existenz geht, gleichen alle Erklärungsversuche einer Suche in einem schwarzen Zimmer nach einer schwarzen Katze, die nicht drin ist. Sie sind Verkleidungen des Nichts. Das Absurde des Lebens entsteht aus der Gegenüberstellung des Menschen, der fragt, und der Welt, die schweigt.

Wir Menschen sind alle Darsteller von Nebenrollen, ohne allzu viel vom Stück zu wissen. Wir sind wie Mäuse, die in etlichen Löchern eines unermesslich großen Gebäudes nisten, und die nicht wissen, ob es ewig ist, oder wer der Baumeister ist, oder weshalb er es gebaut hat. Nicht zu wissen, wozu er auf die Welt gekommen ist, ist die große und ewige Qual des Menschen.

.

Was ist das Leben?
Es ist der Hauch eines Büffels im Winter.
Es ist der kleine Schatten,
der über das Gras huscht
und sich im Sonnenuntergang verliert.
(INDIANISCH)

Mut zum eigenen Verstand

Wir leben in einer Welt, in der unsere Vernunft nur das Unmögliche, das Unlösliche und das Unbegreifliche trifft. Es gibt keinen schärferen Stachel, als den des Unerklärlichen. Ein unüberwindlicher Instinkt treibt den Mensch an, die Lösung des großen Rätsels zu suchen. Und findet er keine Antworten auf die großen Fragen, so erfindet er sie.

Verschiedene Religionen und Ideologien liefern uns fertige Antworten. Sie erklären uns jeweils aus ihrer Sicht den Zusammenhang der Dinge und die Stellung des Menschen in dieser Welt. Sie liefern uns perfekte Weltanschauungen und versorgen uns mit komfortablen Lebenströstungen. Die Erklärungsversuche reichen von willkürlichen Behauptungen über unbegründete Dogmen und komplizierte Denkakrobatik bis hin zum absurdesten Aberglauben. Allen gemeinsam ist das Verlangen, die ungeheure Leere auszufüllen und dieses abgrundtiefe Nichts zu beleben. Das Bekenntnis des Unerkennbaren wird in einer Flut von Worten ertränkt, die Leere wird mit einer Lehre gefüllt.

Werte und Ideale einer jeden Lehre verführen deren Anhänger zu einem herdenmäßigen Handeln fremdbestimmter Marionetten. Diese genormten Lebenshaltungen werden im Laufe der Zeit zu Traditionen, dieses mechanische Denken und Verhalten wird zur gesellschaftlichen Konvention.

Mein Stolz und meine Würde lassen es nicht zu, mein eigenes Urteilsvermögen abzutreten. Lieber schaue ich dem Absurden ins Gesicht und bediene mich meines eigenen Verstandes. Den Erklärungsversuchen setze ich in allen wesentlichen Punkten zunächst einmal ein unüberwindbares Nichtwissen entgegen.

Zur Beurteilung des Weltganzen haben wir nur winzige Gedankensplitter zur Verfügung. Was immer wir wissen ist nur ein Lichtkegel unserer Auslegung in die Wirklichkeit. Alles andere außerhalb dieses kleinen Ausschnitts, und das heißt fast alles, ist unserem Bewusstsein verschlossen. Ich bin überzeugt, dass es im Unerkennbaren Dinge gibt, die unserem Verstand für immer verschlossen bleiben. Wir können es nicht nur nicht sehen und denken, sondern wir ahnen nicht einmal, was es sein könnte. Es gibt in unserem Gehirn gewisse Grenzen, die kein Gedanke jemals überschreiten wird.

Das ist wenig, wenn man die Illusion liebt, aber es ist viel, wenn man die Wahrheit vorzieht. Wahrhaftige Worte sind selten angenehm und angenehme Worte sind selten wahrhaftig. Der Weise versucht lieber das zu begreifen, was ist, als das zu glauben, was er wünscht. Auf das sichere Fundament des ungeheuren Nichtwissens gründe ich meine eigene Weltanschauung.

Sie ist ein Mosaik aus Erkenntnissen und Weisheiten, die meinem Leben und Handeln Tiefe und Bedeutung geben. Die Mosaiksteine sind Worte und Gedanken, die mir beim Lesen ein Fanfarenklang waren. Sie laden dazu ein, die sich im Licht brechenden Farben zu bestaunen und sich mit ihren Inhalten auseinander zu setzen. Sie sind für mich die liebenswertesten Blüten im Garten der Weisheit. Ich habe sie von vielen großen Weisen und Meistern des Lebens gesammelt und so zusammengefügt, dass sie für mich ein klares Bild ergeben. Die Weisheiten sind einfach, gering an der Zahl und jedem zugänglich. Denn alles ist bereits gesagt worden.

Lausche nach allen Seiten
und filtere die Dinge durch dich selbst.
(Walt WHITMAN)

Das Endliche im Unendlichen

WOHER WIR KOMMEN

Am Anfang war der Urknall. Was davor war, kann weder unser beschränktes Gehirn noch die von ihm erfundenen technischen Hilfsmitteln herausfinden. Somit beginnen Raum und Zeit für unser eingeschränktes Vorstellungsvermögen vor etwa 13,7 Milliarden Jahren. Seither hat sich die Weltgeschichte in verschiedenen Evolutionsstufen abgespielt.

Im Laufe der *kosmischen Evolution* entstanden Millionen von Galaxien, jede von ihnen enthält Millionen von Sternen und Planeten. Eine dieser Galaxien ist unsere Milchstraße, die so groß ist, dass das Licht 100.000 Jahre braucht, um sie zu durchqueren. Alle Sterne, die wir am Nachthimmel sehen, gehören zu unserer Heimatgalaxie. Unser Heimatstern, die Sonne, wird von 9 Planeten umkreist, von denen nur unser Heimatplanet die ideale Entfernung zur Sonne hat, damit dort Leben entstehen konnte.

Die Erde entstand vor 5 Milliarden Jahren. Die nun einsetzende *chemische Evolution* benötigte 2 Milliarden Jahre zur Bildung von komplexen organischen Verbindungen, die zur Photosynthese fähig waren und dadurch die heutige sauerstoffhaltige Atmosphäre bilden konnten. Die ersten sich selbst vermehrenden Einzeller setzten die *biologische Evolution* in Gang, durch die eine unendliche Vielzahl unterschiedlicher Lebewesen unseren Planeten bevölkerte. Die Besiedlung des Landes vor 420 Millionen Jahren führte über Amphibien, Reptilien und Vögeln zu den Säugetieren. Aus der Ordnung der Primaten betrat vor 2 Millionen Jahren der Mensch im heutigen Ostafrika die Bühne des Lebens. Mit dem Menschen begann eine neue und bisher letzte Evolutionsstufe: Der Mensch ist die Evolution, die sich selbst erkennt!

Hundert Trillionen Moleküle formen sich in einem Menschen zu einer so komplexen Ordnung, dass sie beginnen können, selbst über Moleküle nachzudenken. Die *kulturelle Evolution* führte bisher von der Entdeckung des Feuers und dem Gebrauch von Werkzeugen über die Entstehung von Sprache und Schrift bis hin zur Bildung von Religion, Philosophie, Kunst, Politik und Wissenschaft.

Der Mensch ist nur einer von Milliarden Trieben der Evolution. Allein in unserer Heimatgalaxie, der Milchstraße, gibt es mindestens 12 Milliarden Planetensysteme, in denen auch erdähnliche Planeten um ihre jeweiligen Sterne kreisen. Da die Evolution sich im kosmischen Rahmen vollzieht, können wir davon ausgehen, dass es in der unermesslichen Weite des Weltalls millionenfach Planeten gibt, auf denen sich Leben entwickelt hat.

Die dortigen Lebensformen unterscheiden sich sicher in der erreichten Entwicklungsstufe. Aber ein Teil wird unsere Stufe von Bewusstsein und Intelligenz erreicht oder übertroffen haben. Langfristig ist das Schicksal all der mit Leben bevölkerten Planeten unausweichlich mit dem unseren verbunden.

Nur dann
kannst Du das Wesen der Dinge begreifen,
wenn du ihren Ursprung
und ihre Entwicklung kennst.
(HERAKLIT)

WOHIN WIR GEHEN

Das Überleben der Menschheit auf der Erde hängt zunächst einmal davon ab, ob es uns gelingt, die akuten Probleme wie Bevölkerungsexplosion, Ausbeutung der Rohstoffe und Energiereserven, Klimawandel und Naturzerstörung in den Griff zu bekommen. Dazu sollte der nationale Egoismus und die ideologische Starrheit noch in diesem Jahrhundert überwunden werden und ein umfassender Weltfrieden zwischen den Völkern einkehren. Eine planetarische Gesellschaft in einer nachhaltigen Welt voller Frieden, Freiheit und Wohlstand wäre dann ein wünschenswertes Ideal.

Angesichts der großen ökologischen, politischen und sozialen Herausforderungen erscheint mir dieses Ideal jedoch eher wie eine unerreichbare Utopie. Sollten wir weiterhin schneller tüchtig und mächtig als weise und bescheiden werden, so wird der Mensch schon bald, wie so viele Arten vor ihm auch, als Irrläufer der Natur von diesem Planeten verschwunden sein.

Doch egal ob mit oder ohne Menschen wird das Leben langfristig in ferner Zukunft von der Erde verschwinden.

Denn unser Stern, die Sonne, wird ihr Dasein mit dem Verbrauch ihrer Energievorräte in 13 Milliarden Jahren als Weißer Zwerg beenden. Lange vorher wird sie sich ausdehnen und die Temperaturen auf der Erde extrem ansteigen lassen. Spätestens in 2 Milliarden Jahren ist die Erde zu einer unbewohnbaren Gluthölle geworden.

Die irdische Atmosphäre wird verschwunden sein, die Ozeane werden verdampft sein wie Wassertropfen auf einer heißen Herdplatte und die Gebirge werden dahingeschmolzen sein wie Butter in der Sonne. Alle Spuren unserer Existenz sind dann völlig und für immer ausgelöscht. Nichts wird mehr daran erinnern, dass die Erde einstmals ein mit Leben reich gesegneter Planet war. Der gesamte Tempel menschlicher Errungenschaften wird unvermeidlich wie ein verlorener Punkt im leeren Raum versinken.

Will das Leben auf der Erde in ferner Zukunft überleben, muss es die Erde verlassen. Doch auch diese Flucht wäre nur ein Hinausschieben des Untergangs. Der Kosmos besitzt wie unsere Sonne nur einen endlichen Vorrat an Energie. Galaxien werden sich auflösen, Schwarze Löcher verdampfen und Photonen zerfallen.

In einem immer weiter expandierenden und abkühlenden Weltraum kommt alles Leben irgendwann zum Erliegen.

Sollte unser Weltall nicht ständig expandieren, sondern nach einer Phase der Ausdehnung sich wieder zusammenziehen, um dann nach einem erneuten Urknall wieder zu expandieren, sind die Überlebensaussichten in solch einem pulsierenden Weltall allerdings genauso vernichtend: Alle Galaxien, alle Sonnen und alle Planeten würden dann in einer einzigen riesigen Kollision in einem einzigen kleinen Punkt miteinander verschmelzen.

Wenn ich versuche, das Nichts zu erfassen, aus dem ich hervorgezogen wurde oder das Unendliche, in das ich als Teil einer langen Ahnenkette hineinverschlungen bin, dann wird mir schnell klar, was ich bin, verglichen mit dem, was ist. Ich erkenne meine wahre Stellung in diesem Punkt von Raum und Zeit.

Ich lerne unseren Planeten Erde mit seinen Lebewesen, seinen menschengemachten Staaten und Religionen sowie das Machtstreben, die Eitelkeit und die Wichtigtuerei der Menschen nach ihrem wahren Wert einzuschätzen.

Mein Leben ist so kurz, so unbedeutend, so anonym – und was bleibt davon übrig? Die geringe Asche eines beim Waldbrand verbrannten Schmetterlingsflügels. Der Mensch ist nur ein flüchtiger Schatten. Das Leben ist wie das Aufleuchten eines Glühwürmchens in der Nacht. Die Enkel meiner Enkel kennen noch nicht einmal mehr meinen Namen.

Der kleine Raum, den ich jetzt ausfülle, und auch der Raum, den ich in Vergangenheit und Zukunft erblicke, versinkt in der grenzenlosen Weite der Räume, von denen ich nichts weiß und die von mir nichts wissen. Ich bin das Endliche zwischen zwei Unendlichen.

Wie gebrechlich und vergänglich
ist alles Leben,
und wie arm und angstvoll
trägt alles Lebendige
sein bisschen warmes Blut
durch das Eis der Welträume.
(Herrmann HESSE)

Der Sinn des Lebens

DER OBJEKTIVE SINN

Bei der Frage nach dem Sinn des Lebens geht es im weitesten Sinne darum, ob die Bedeutung des Lebens an sich im Universum auf einen Zweck hin ausgerichtet ist. Diese Frage beinhaltet den engeren Sinn nach der Bestimmung des Menschen und im engsten Sinn nach der Bestimmung jedes einzelnen Individuums. Denn es gibt keinen Grund dafür, dass die Welt so ist, wie sie ist. Jede Galaxie, jedes Sonnensystem und jede Lebensform ist eine zufällige Anordnung von Atomen. Alles hätte auch anders aussehen können, aber auch dafür hätte es keinen Grund gegeben. Einen Weltplan oder einen Weltzweck können wir nicht erkennen. Und selbst wenn es einen gäbe, bliebe die Frage, ob er sinnvoll wäre.

Im Kosmos mit seiner räumlichen und zeitlichen Unendlichkeit sind wir kaum mehr als ein Punkt, der gerade aufgeglüht ist. Wir leben am unbedeutenden Rand eines Universums, welches für unsere Musik taub und unseren Hoffnungen und Leiden gegenüber völlig gleichgültig ist.

Unser Leben läuft wie ein sinnloses Schauspiel vor leeren Rängen ab. Ist das Leben eines jeden einzelnen Lebewesens angesichts der Unermesslichkeit des Universums, in dem es von Leben wohl nur so wimmelt und angesichts der Unermesslichkeit bereits vergangener und noch kommender Lebewesen überhaupt von irgendeiner Bedeutung?

Unsere Existenz haben wir der Evolution mit ihrem blinden, ziellosen Drang zum Leben zu verdanken. Sie ist ein erkenntnisgewinnender Prozess und wir sind alle unterwegs in eine ferne Zukunft, deren Bild niemand kennt und deren Gesetze nirgendwo geschrieben stehen.

Hier lässt sich zunächst der biologische Sinn des Lebens verorten: Diesen Entwicklungs-prozess aufrecht zu erhalten und nicht als biologische Sackgasse zu enden. Doch vor dem Hintergrund der kosmischen Langzeitperspektive ist dieser Sinn fragwürdig. Keine Leidenschaft, keine Intelligenz und kein Glauben kann das Leben vor dem Grab in den Ruinen und Trümmern des Universums bewahren. Alle sittlichen und kulturellen Leistungen, die das Leben je hervorgebracht hat und noch hervorbringen wird, sind in kosmischer Perspektive dem Zerfall und dem Vergessen unterworfen.

Die Auslöschung aller Spuren von Leben löscht auch den Sinn des Lebens aus. Denn Sinn entsteht nur, wenn das endliche Dasein an etwas Unendliches geknüpft werden kann.

Jeder Sinn des Lebens, der auf dem Markt der Weltanschauungen angeboten wird, ist ein Konstrukt. Diese Erfindungen sind alle nichts anderes als beruhigende Illusionen, in deren Wärme die Menschen Schutz vor den eisigen Winden des Universums suchen. Sie hängen in der Luft, weil sie das Fundament des Wissens verlassen haben. Sie sind auf dem Sand des Glaubens gebaut. Und Glauben heißt oft, nicht wissen wollen, was wahr ist. Auf dem festen Boden des Wissens können wir den Sinn des Lebens an sich jedenfalls nicht verankern.

Wir müssen dem Absurden ins Gesicht schauen: Alles was wir von der Welt wissen, sind Umschreibungen unserer Unwissenheit. Die höchsten Deutungen verschieben nur das Rätsel, um uns von höherer Warte die große Leere erblicken zu lassen. Die Welt wird weiterhin schweigen und ein Sinn des Lebens ist für uns objektiv nicht erkennbar.

Das Leben hat keinen ihm innewohnenden Sinn, wir müssen ihn selber schaffen.
(Jean-Paul SARTRE)

DER SUBJEKTIVE SINN

Aber ist es sinnvoll, daraus zu folgern, dass mein individuelles Leben sinnlos ist? Warum setzen wir eigentlich voraus, dass das Leben, außer da zu sein, auch noch einen anderen Sinn haben soll? Die Auffassung, dass das Leben an sich sinnlos ist, widerspricht nicht notwendigerweise der Bejahung des Lebens und dem Glück des Menschen.

Das subjektive Glück ist für mich wichtiger als die objektive Wahrheit. Mein eigenes, individuelles Leben kann wertvoll und lebenswert sein, ohne dass das Leben an sich sinnvoll ist. Das subjektiv Sinnvolle erfahre ich aber nur, wenn ich die Erfahrung des objektiv Sinnlosen akzeptiere. Wenn ich den Blick vom Leben an sich auf mein eigenes Leben richte, dann brauche ich keinen Glauben, um einen Sinn zu erkennen.

Der Sinn meines Lebens liegt in der Freude an einer erfüllten Gegenwart. Alles Erleben hat nur eine Zeit, nämlich die Gegenwart. Nur das Jetzt ist lebendig, die Vergangenheit lebt nur noch in unserer Erinnerung. Ich kann noch einmal an die vergangenen Gefühle denken und sie wiederbeleben, doch ich steige niemals mehr in den gleichen Fluss.

Das Denken an Vergangenheit und Zukunft ist ein Gegenwartsfresser. Die sinnliche Erfahrung der Wirklichkeit dagegen ist die Quelle der Gegenwart und des Seins. Die Außenwelt, die ich mit meinen Sinnen wahrnehme, vermittelt mir etwas vom Sein, in das ich als Gast in dieser Welt hineingeboren bin. Mein Sein, meine wirkliche Lebendigkeit geschieht nur in diesem einen, unverwechselbar einmaligen Augenblick. Der Sinn meines Lebens ist, dieses Erleben in diesem Moment, von Moment zu Moment, zu entfalten.

Es gibt nur einen einzigen wichtigen Ort im unermesslichen Universum von Raum und Zeit – das eigene Selbst in diesem Moment. Ich nehme mein Leben jetzt und hier selbst in die Hand, kein anderer kann mir das abnehmen. Ich löse mich von allen Autoritäten. Ich selbst bin die einzige Autorität, die zählt.

Der echte Mensch folgt seinem innersten Gesetz und keinem äußeren Gebot. Nur dort, wo ich selbst fühle, bin ich konkret und authentisch bei den Dingen meines Lebens. Das tiefe Erleben meiner Gegenwart ist das Ausschlaggebende in meinem Leben. Das macht das Leben reich an Schönheit und Sinn.

Der Kosmos der Gegenwart ist unausschöpfbar groß. Das Leben kommt in jedem Augenblick zu mir und alle Anstöße des Lebens beleben meine Lebendigkeit. Ich setze mich der Überraschung des Neuen und Unbekannten aus. Wenn ich das kann, dann ist es Freiheit. Frei von der Vergangenheit, welche die Gegenwart konditioniert und die Zukunft formt. Und Freiheit ist der subjektive Sinn des Lebens zwischen Geburt und Tod.

Ich verzichte bewusst auf das Unerreichbare, den objektiven Sinn des Lebens zu finden. Dieser Verzicht führt zu großer Gelassenheit und Freiheit. Er richtet die Aufmerksamkeit von der kosmologischen Langzeitperspektive auf die Gegenwart. Hier und jetzt bietet das Leben ständig die Möglichkeiten der Freude und jene einzigartigen Augenblicke, in denen der Geist seinen Sinn im Körper findet. Das Leben wird vielleicht in den Augenblicken am sinnvollsten, wo uns alle Sinne und Bedeutungen verloren gehen. Es wird umso besser gelebt werden, je weniger Sinn es hat.

Jeder Mensch kann nur seinen eigenen Sinn finden. Er kommt aus unserem Innern, er ist unsere persönliche Angelegenheit. Das Leben hat genauso viel Sinn, wie wir selber ihm zu geben imstande sind.

Jedes bewusste Wesen hat seine eigene, innere Ordnung zu schaffen, um seinem Dasein Sinn und Wert zu verleihen. Auf der Suche nach seinem subjektiven Sinn wird der Mensch reifer, unabhängiger und freier. Er lernt, mit der Langzeitperspektive des Universums umzugehen und er versöhnt sich mit der Idee, dass dieses nicht auf ihn ausgerichtet ist.

Der Mensch wird vom Wind gesät und vom Wind geerntet, aber er ist dennoch stolz, einen einzigen Augenblick zu leben. Diese Erkenntnis macht ihn zu einem freien Geist, der nicht der Verzweifelung verfällt, sondern der zum Glück eines erfüllten Daseins findet. Denn unser Glück hängt im großen und ganzen nur von unserer inneren Freiheit ab. Und das wahre Glück bleibt es auch dann, wenn es ein Ende finden muss...

Bei dem Gedanken an die Vernichtung
verachte ich es, vor Schrecken zu zittern.
Das wahre Glück bleibt es auch dann,
wenn es ein Ende finden muss.
Und auch das Denken und die Liebe
verlieren nicht ihren Wert
nur weil sie nicht ewig währen.
(Bertrand RUSSELL)

Fragezeichen in der Finsternis

WAS WAR VOR DEM URKNALL?

Der Urknall war ein Zeitpunkt, zu dem all das, was uns heute als Materie und Raum umgibt, zu einem einzigen Punkt mit dem Volumen Null und einer unendlich hohen Dichte zusammengezogen war. Solch eine Unendlichkeit ist eigentlich ein absurder physikalischer Zustand, weil dann alle mathematischen Gleichungen sinnlos werden. Diese Absurdität lässt sich nur umgehen, wenn man davon ausgeht, dass es vor dem Urknall auch etwas gab.

Die Zeit erscheint uns wie ein ständiges Fliessen. Und darin ist der Urknall nur ein Zeitpunkt, vor dem auch etwas gewesen sein muss, sonst wäre der Urknall ein Tag ohne Gestern. Wenn der Urknall aus dem Nichts entstand, dann stellt sich natürlich die Frage, wie dieses Nichts aussah? Und warum hat sich das Nichts dann überhaupt verändert, warum wurde es zum Etwas und blieb nicht einfach ein still ruhendes Nichts?

Vor dem Urknall könnte auch ein früheres Universum existiert haben, das sich zusammengezogen hat, bis ein Knall das alte Universum auslöschte und unser jetziges gebar. Eine ständige Abfolge von Urknall, Ausdehnung, Verdichtung und erneutem Urknall hätte keinen Anfang und kein Ende.

Dieses unendliche Pulsieren müsste auch nicht auf ein Universum beschränkt sein, sondern könnte unendlich viele betreffen. Dann wäre unser Universum nur eine Blase in einem gewaltigen Weltenschaum und der Urknall wäre nur ein kleiner Blubb in einem ewigen Blubbern. Die Frage nach dem Beginn ist letztendlich wohl genauso sinnlos wie die Frage, was nördlich vom Nordpol liegt.

Wenn die Welt einen Anfang hätte,
woher käme die Bewegung des Entstehens?
Ein Schöpfer erklärt nichts,
woher käme der Schöpfer?
(Carl Friedrich von WEIZSÄCKER)

WIE WIRKLICH IST DIE WIRKICHKEIT?

Wenn wir unsere Perspektive verändern und uns vorstellen, wir wären nur so groß wie eine Laus und spazierten morgens auf einem Kohlblatt herum, dann würden wir etwas Erstaunliches sehen: riesige durchsichtige Wasserkugeln, doppelt so groß wie wir, zerfließen nicht in der Breite, sondern rollen wie ein Ball auf dem Blatt herunter und fallen in einen See, auf dem ein riesiger Stahlbalken auf der Oberfläche treibt, anstatt auf den Boden zu sinken. An diesem Beispiel vom Tautropfen und einer Stecknadel im Wasserglas erkennen wir, dass die Gesetze der Physik nur relativ, provisorisch und lokal sind.

Unsere Sinne sind kleine Tore, die nur einen Teil der Wirklichkeit wahrnehmen können. Die Strahlen jenseits unseres Farbenspektrums im infraroten oder ultravioletten Bereich sind für unsere Augen nicht sichtbar. Luftschwingungen mit weniger als 30 oder mehr als 24.000 Schwingungen pro Sekunde sind für unsere Ohren nicht hörbar. Wir brauchen technische „Krücken", um etwas mehr wahrzunehmen. In Bezug auf die vierte Dimension geht es uns wie zweidimensionalen Wesen, die von einem Würfelkörper nur eine Quadratfläche wahrnehmen können.

Unser Verstand ist nur sehr beschränkt in der Lage, die Wirklichkeit zu begreifen. Wir sehen nicht das, was an sich da ist, sondern das, was wir darüber denken. Wir sehen nur Bilder der Wirklichkeit und nicht wie sie für sich selbst besteht, also unabhängig von unserem erkennenden Subjekt. Die Welt ist unsere Vorstellung. Wir werden das Gefängnis unseres Gehirns niemals verlassen können, um die Welt an sich zu erkennen. Wir sind wie die Gefangenen in Platons Höhlengleichnis, die ihren Kopf nicht zur Öffnung wenden können, sondern nur Schattenbilder an der Höhlenwand sehen und diese für die Wirklichkeit halten.

Die ganze Evolution seit dem Urknall ist ein erkenntnisgewinnender Prozess und wir Menschen können schon mehr von der Wirklichkeit erkennen, als eine Laus. Doch auch wir beobachten den kosmischen Prozess nur aus einer beschränkten Perspektive mit einem beschränkten Bewusstsein. Jede Sicht der Welt ist für immer nur eine Perspektive, die den Schranken ihres Bewusstseins unterliegt. Sie ist relativ und wir torkeln haltlos umher zwischen den Relativitäten.

Vielleicht ist die Phantasie nichts anderes als eine vergessene Erinnerung.
(Pablo NERUDA)

WO ENDET DER RAUM?

So wie wir uns die Zeit nur eindimensional vorstellen können, können wir uns den Raum nur dreidimensional vorstellen und sind ratlos, wenn wir uns das äußere Ende unseres Kosmos denken sollen. Jedem denkbaren Rand folgt automatisch die Frage nach dem, was dahinter liegt.

Aber wie sicher ist es eigentlich, dass der Raum nur drei Dimensionen hat? Wenn ein zweidimensionales Wesen auf einer aufgerollten Fläche immer in eine Richtung läuft, kommt es wieder zum Ausgangsort zurück. So könnte unser dreidimensionaler Raum auch in einer vierten Raumdimension aufgerollt sein und keinen Rand haben.

Nach der Quantentheorie ist unser Universum aus einer spontanen Symmetriebrechung in einem höherdimensionalen Raum hervorgegangen, wobei zufällig drei Raumdimensionen und eine Zeitdimension expandierten. Dann wäre der uns bekannte Raum nur ein kleiner Ausschnitt einer viel größeren Welt. Doch wie sieht dieser höherdimensionale Raum aus und weshalb sollte dies nur einmal geschehen sein?

Vielleicht werden laufend neue Universen mit anderen Dimensionen und Naturgesetzen geboren. So ist beispielsweise ein Universum mit 5 Raum- und 2 Zeitdimensionen weder in unserem Raum noch in unserem Zeitablauf lokalisierbar. Wir können von diesen Universen nichts wissen und niemals mit ihnen in Kontakt treten. Ebenso wäre es möglich, dass unser Universum sich ständig in jedem Augenblick in neue Paralleluniversen aufspaltet. Die für uns erfahrbare Realität wäre dann nur eine einzige unter unzähligen Realitäten mit lauter Doppelgängern von uns. Alle diese parallelen Realitäten würden zusammen ein Multiuniversum bilden.

Letztendlich verschiebt sich aber nur die Grenze und es bleibt die Frage nach dem Ende des Raums. Sie scheint genauso unlösbar wie die Frage nach dem Beginn der Zeit. Und selbst wenn wir irgendwann diese Fragen nach dem „Wann" und „Wo" beantworten können, bleibt die viel größere und schwierigere Frage nach dem „Warum".

Es ist absolut möglich, dass jenseits der Wahrnehmung unserer Sinne ungeahnte Welten verborgen sind.
(Albert EINSTEIN)

WAS WEISS DAS UNTERBEWUSSTSEIN?

Unser Bewusstsein ist nur die Spitze des Eisbergs, der weitaus größere Teil unseres „Ichs", unser Unterbewusstsein, schwimmt unter der Oberfläche der Wahrnehmung. Unser Unterbewusstsein ist die Summe aller Erinnerungen und Eindrücke, aller Vorstellungen und Einstellungen, die in uns sind, die aber zur Zeit nicht aktiv sind.

Weil unser Unterbewusstsein sehr viel mehr aufnimmt, als wir bewusst registrieren, kann es uns in entscheidenden Momenten helfen. Das nennen wir dann Intuition. Wir haben aber willentlich darauf keinen Zugriff, genau wie auf die bizarren Träume, die unser Unterbewusstsein produziert.

Zu allen Zeiten wurde versucht, diese Grenze durch Trance, Meditation, Hypnose oder Drogen zu überschreiten. Einige Menschen scheinen mit einem zweiten Gesicht, einem dritten Auge oder einem sechsten Sinn ausgestattet zu sein. Übersinnliche Phänomene wie Visionen, Telepathie, Hellsehen oder Präkognition zeigen, dass es mehr gibt als das, was unserem Bewusstsein zugänglich ist.

Verfügt unser Unterbewusstsein über Sinne, die Dinge aus der Welt an sich wahrnehmen können? Könnte es dort auf einen kollektiven, kosmischen Bewusstseinspool zugreifen, der alle Wahrnehmungen und Erkenntnisse, alle Gedanken und Gefühle aller Lebewesen aus allen Zeiten und Räumen sammelt? Wandelt unser Unterbewusstsein nach Belieben in der Unendlichkeit herum wie wir in unserem Garten? Existiert es nach unserem Tod in einem anderen Lebewesen fort, um weiterhin Eindrücke zu sammeln?

Lauter Fragezeichen in der Finsternis. Je weiter wir in ihr vordringen, desto weiter weichen ihre Grenzen zurück. Je mehr wir grübeln, desto weniger verstehen wir. Alles, was wir von der Welt wissen, sind verschnörkelte Umschreibungen unserer Unwissenheit. Denn all unser Wissen ist Vermutungswissen: hypothetisch, vorläufig und korrigierbar.

Dein ganzes Wissen
im Verhältnis zu deinem Nichtwissen
gleicht dem kleinen Bächlein
neben dem unendlichen Ozean.
(PETRARCA)

Sein oder Nichtsein

IN DER NÄHE DES TODES LEBEN

Mit jedem Tag geht ein Stück meines Lebens verloren und ein immer kleinerer Teil bleibt übrig. Jeder Moment kann der letzte sein. Sobald ich mich darauf konzentriere, dass ich existiere, taucht sofort der Gedanke an das Ende meines Lebens auf. Und erst, wenn ich ganz stark empfinde, dass ich eines Tages verschwunden sein werde, geht mir richtig auf, wie unendlich wertvoll mein Leben ist.

Jeder Tag meines Lebens ist wertvoll, denn es gibt keine kleinen Tage. Jeder Tag zählt wie ein Leben für sich. Dieser Tag kommt niemals wieder, und wenn ich ihn nicht trinke, schmecke und rieche, wird er mir in aller Ewigkeit kein zweites Mal angeboten. Es ist unmöglich, zweimal in denselben Fluss zu steigen. Jede Stunde ist wertvoll, denn die Summe meines Lebens sind die Stunden, die ich liebe. Und es liegt an mir, diese Stunde glücklich zu machen. Jeder Augenblick ist wertvoll, denn jeder Augenblick trägt den Samen eines großen inneren Ereignisses in sich. Man sollte das Leben so einrichten, dass jeder Augenblick bedeutungsvoll ist.

Deswegen versuche ich, bewusst in der Gegenwart zu leben. Vergangenheit und Zukunft gehören mir nicht. Wenn ich mich von ihnen löse, kann ich jeden Tag in seiner neuen Schönheit erleben. Ich sorge mich nicht um das, was kommen mag, und ich trauer nicht dem hinterher, was vergangen ist. Aber ich sorge mich, wenn ich mich selbst verliere, und ich trauer, wenn ich im Strom der Zeit dahintreibe, ohne den Himmel in mir zu tragen.

In der Gegenwart leben heißt, in der Nähe des Todes leben. Ob dieser Tag mein letzter ist, steht nicht in meiner Macht. Ich will ihn positiv gestalten und mich nicht um den nächsten Tag sorgen. Dieser Tag kommt niemals wieder. Ich will ihn in seiner ganzen Fülle und Länge bewusst auskosten und jeden Tag in seiner neuen Schönheit und Einmaligkeit erleben.

Der Tod gibt dem Leben sein Gewicht, seine Bedeutung, seine Würde. Was wäre das Leben ohne den Tod? Wer sich mit dem Sterben vertraut gemacht hat, kann niemals mehr Sklave sein. Und ich will Herr meines Lebens sein und nicht ein von der Zeit geprügelter Sklave.

Ich will klar sehen, was hier und jetzt da ist. So will ich Herr meiner Zeit sein, den Tag pflücken, und nicht die Blüte des Augenblicks irgendeiner fremdbestimmten Arbeit opfern. Ich möchte die Dinge tun, die meinem innersten Wesen entsprechen.

Das existentielle Erleben befreit uns zu unseren eigenen Möglichkeiten hin. Ich will ich selbst sein und mein eigenes Leben leben. Niemand kann mich zwingen, auf seine Art glücklich zu sein. Mögen andere denken, sagen und tun, was sie wollen. Ich gehe meinen Weg, egal wohin er führt. Früher oder später endet er für uns alle im Tod.

Wenn du die Zeit nicht
zur Aufheiterung deiner Seele verwendest,
wird sie entschwinden,
und du wirst entschwinden,
ein zweites Mal wird es nicht möglich sein,
sie zu verwenden.
(Marc AUREL)

VOM DASEIN ZUM SELBSTSEIN

Je mehr es mir wirklich um mein eigenes Leben geht, desto entschiedener werde ich nach Freiheit verlangen und alles in Frage stellen. Ich bin genauso frei und selbständig, wie ich selber beschließe. Ich muss nicht arbeiten, außer als Mittel zum Zweck. Ich muss mich nicht an die Gesetze halten, es sei denn, ich halte sie für sinnvoll. Ich muss auch nicht heiraten oder bei einer Beerdigung schwarz tragen, nur um gewissen bürgerlichen Erwartungen gerecht zu werden.

Die Freiheit des Menschen liegt darin, dass er nicht tun muss, was er nicht will. Kein Mensch muss irgendetwas müssen. Wir müssen nur sterben. Alles andere liegt in unserer Hand, alles andere ist unsere freie Entscheidung. Ständig warten Entscheidungen auf mich, die mich zwingen, mein Leben selbst in die Hand zu nehmen. Lass ich mir die Entscheidungen abnehmen, gleite ich ab in die anonyme Masse und verliere mich an gedankenlose Gewohnheiten, an feste Gleise. Das wäre eine Flucht vor mir selbst in die bequeme Lebenslüge. Und damit in eine Welt der alles verzehrenden Maschinerie von leerer Arbeit und leeren Vergnügungen.

Es gibt keine bequemen Entschuldigungen, die mir die Verantwortung für meine Entscheidung abnehmen. Es gibt keine ewigen Werte oder Normen, nach denen ich mich richten kann. Ich bin in jedem Augenblick der Wanderer, der über den eigenen Weg zu entscheiden hat, und für diese Entscheidung bin nur ich allein verantwortlich.

Ich bin verantwortlich für das, was ich bin. Ich existiere nur in dem Maße, in dem ich mich verwirkliche. Der Mensch ist zum Improvisieren verdammt wie ein Schauspieler, der ohne einstudierte Rolle und ohne Drehbuch auf eine Bühne gestellt wird. Nur er selbst entscheidet, was er spielen will. Jeder Mensch komponiert die Musik seines Lebens. Unser Körper ist die Harfe unserer Seele und es liegt an uns, ihm schöne Musik oder wirre Töne zu entlocken.

Die Brücke zwischen Wissen und Können, zwischen Wollen und Tun, zwischen Reden und Handeln, ist lang und wackelig. Aber der Mensch vollendet sich nur in der Tat. Um sich selbst zu erkennen, muss man handeln und sich aus dem besinnungslosen Tätigkeitstaumel herausreißen.

Dann lebt man wie auf einem Berg und schaut herunter auf das ganze geschäftige Treiben um Macht und Eitelkeiten, auf dieses maßlose Possenspiel unter der Maske des Absurden. Die Auflehnung stellt diese Welt in jeder Sekunde in Frage.

Um den entscheidenden Schritt vom bloßen Dasein zum wirklichen, authentischen Selbstsein zu machen, muss ich mich dagegen wehren, mit dem Strom zu schwimmen. Nur tote Fische schwimmen mit dem Strom.

Die Auflehnung gegen dieses absurde Dasein ist die ständige Anwesenheit bei mir selbst. So wie Sisyphos seine Strafe erträgt, annimmt und die Götter verlacht, gibt diese Auflehnung seinem Leben Größe und Wert, sie gibt ihm Unabhängigkeit und die eigentliche Freiheit. Deshalb können wir uns ihn durchaus als glücklichen Menschen vorstellen.

Je mehr ich mich auflehne, je mehr ich aus mir selbst herausgehe, desto mehr bin ich selbst, desto mehr fühle ich mich leben. Und nur Gefühlstiefe verleiht mir Kraft. Wenn es in meinem Denken und meinem ganzen Sein keine Auflehnung gibt, dann gibt es in meinem Leben auch keine Leidenschaft.

Meine Auflehnung, mein Bewusstsein und meine Freiheit so stark wie möglich zu empfinden, das heißt, so intensiv wie möglich zu leben: mit Hingabe, Inbrunst, Lebensglut und Leidenschaft! Was zählt ist allein das Engagement, die Entschlossenheit und der totale Einsatz.

Wenn ich mich vollkommen aufmerksam dem Hier und Jetzt zuwende, dann beginnt mein Leben mit Freude und Leichtigkeit zu fließen. Wenn ich für etwas brenne, dann verwandele ich alles, was ich bin und mich besonders ausmacht, beständig in Licht und Flamme. Und wo Licht im Menschen ist, scheint es aus ihm heraus. Jedes neue Ja zur Hingabe ist ein Leuchten für die Welt.

Der Mensch vollendet sich in der Tat.
Sobald er in seinem Werk verschwindet,
hat seine Gegenwart die größte Wirklichkeit.
(Antoine de SAINT-EXUPÉRY)

Gott ist tot

DIE MACHT DER RELIGIONEN

Die menschengemachten Götter waren unbeholfene Versuche aus altertümlichen Zeiten, in denen es noch keine Bücher gab und die Erde eine Scheibe war. Über viele dunkle Jahrhunderte hinweg waren die organisierten Religionen ein Banner, dem man willig folgte. Auch wenn diese ein komfortables, parasitäres Dasein führten und allzu oft vor den Karren unheiliger, weltlicher Ziele gespannt wurden, waren sie das Opium des Volkes.

Ihre Götter lockten die Menschen mit ihren Himmeln und bedrohten sie mit ihren Höllen. Sie versprachen ihren Anhängern, ihrem Leben einen Sinn zu geben und gaben ihnen ein Korsett von Geboten und Ritualen. Sie ignorierten dabei elementare Menschenrechte und schränkten die Freiheiten der Frauen ein. Doch die blinden Diener der auf Unwissenheit und Unsicherheit aufgebauten Systeme stellten solche Unmenschlichkeiten nicht in Frage. Die Anhänger waren einfach noch zu ungebildet, um gegen den religiösen Vormund mit seinen Folterinstrumenten aufzubegehren und es war ja auch bequem, unmündig zu sein.

Das Christentum war ein Aufstand alles Am-Boden-Kriechenden gegen das, was Höhe hat. Es war eine Verschwörung gegen Gesundheit, Schönheit und Geist – gegen das Leben selbst. Gott war eine grobe Antwort auf die existenziellen Fragen mit dem Gebot, nicht selbst zu denken.. Selbstdenkende Menschen wurden als Ketzer und Hexen verfolgt, gefoltert, geopfert und hingerichtet.

Die Macht dieser uralten Institutionen bröckelt in unserer aufgeklärten Welt langsam dahin. Mit der „Warum"-Frage der Philosophen begann der Unglaube und das Sterben der Götter. Auch der Trunk aus dem Becher der Naturwissenschaften machte atheistisch. Die Aufklärung befreite die Menschen aus ihrer Unmündigkeit, so dass sie sich ihres eigenen Verstandes bedienen konnten. Die Aufklärung war der Zeitpunkt, an dem die Menschheit zu dem Gedanken erwachte, dass die menschengemachten Götter nicht existieren. Gott ist tot, also ist der Mensch frei!

Überall wohin sich Bildung, Freiheit und Demokratie ausbreiten, schrumpft der Einfluss von organisierter Religion und Aberglauben. Die schwindenden Scharen der Gläubigen, die sich noch in warmer Herdennähe versammeln, sind die am wenigsten gebildeten Menschen.

Dort verkommt Religion zur Philosophie der geistig Minderbemittelten. Ihre Kathedralen, Moscheen und Tempel werden häufiger von Touristen als von Betenden aufgesucht und ihre Zeremonien wirken wie Folklore.

Durch ihren Universalitätsanspruch haben die Weltreligionen einen kranken Hass in die Welt gesetzt, dessen Auswirkungen sich als breite Blutspur durch die Geschichte bis heute hinzieht. Die Bilanz der religiösen Gewalt schreit zum Himmel. Die neueste Perversion des Glaubens sind die hasserfüllten islamischen Gotteskrieger.

In der blutgetränkten Religionsgeschichte zeigt sich die Intoleranz und Unreife dieser in Dogmen erstarrten Institutionen, die mich abstößt von ihren Führern und Anhängern, ihren Tempeln und Zeremonien. Auch Buddha, Jesus, Krishna und Mohammed würden ungläubig den Kopf schütteln und sich betroffen abwenden, wenn sie sehen könnten, was für eitle und selbstgefällige Machtgebäude auf ihre weisen Worte aufgebaut wurden.

Jede Spiritualität,
die sich im Sinne von Dogmen etabliert,
verkehrt sich zu ihrem Gegenteil.
(Jiddu KRISHNAMURTI)

EHRFURCHT VOR DEM LEBEN

Die ursprünglichen Lehren der Religionsstifter sind wie verschiedene Blätter ein und desselben Baumes. Sie sind verschiedene Wege, die im gleichen Punkt münden. Sie wurden zu verschiedenen Zeiten in verschiedenen geografischen Regionen und unter verschiedenen kulturellen Umständen verkündet. Die Religionsstifter waren vorbildliche Menschen, die in Liebe handelten. Der Kern aller Religionen ist letztlich die universelle Liebe, die erfüllt ist von der Ehrfurcht vor jeglichem Leben.

Ehrfurcht vor dem Leben ist Ergriffensein vor dem unendlichen, vorwärtstreibenden Willen zum Leben. Jedes Leben ist für sich wertvoll. Ich bin leben, das leben will. Aber ich lebe inmitten von Leben, das auch leben will. Wie die Welle im Meer mit allen Wellen mitwogt, können wir das Leben um uns herum in unserem Leben miterleben. Und ein mitfühlender Mensch weiß, was rechtes Handeln ist. Moral brauchen die Menschen nur in Ermangelung der Liebe. Wer liebt, sieht dass alles Lebende miteinander verbunden ist. Ein wahrhaft großer Mensch wird weder einen Wurm zertreten, noch gedankenlos eine Blume brechen, noch vor Mächtigen kriechen.

Wir haben über 7 Milliarden Brüder und Schwestern, die auch das Recht darauf haben, ihr kurzes Dasein in diesem unermesslichen Universum friedlich, würdevoll und glücklich zu leben. Das gilt auch für alles Leben um uns herum: die Tiere und Pflanzen auf unserem Planeten und die Lebensformen im Kosmos, die wir noch entdecken werden oder die uns entdecken werden. Wahre Menschlichkeit zeigt sich in der Achtung, die ein jeder dem geheimen Lebenstraum des anderen gönnt. Gut ist alles, was Leben erhält und fördert, böse ist alles, was Leben hemmt und vernichtet.

Je bewusster ich diese Einstellung lebe und je konsequenter ich nach ihr handele, desto mehr fühle ich mich im Einklang mit dem Ganzen und desto kleiner wird der Kreis der Dinge, zu denen ich ohne Beziehung bin. Diesen Gedanken der Einheit jeden Augenblick fühlen, ausdrücken und leben zu können – das ist Weisheit!

Wenn ich weise bin, sehe ich alle einzelnen Kettenfäden in einem großen Weltgewebe vereinigt. Wenn alle Menschen weise sind, wird der Weltfrieden ausbrechen. Dann wären wir reif für die bereits erreichte Evolutionsstufe und dürften uns zurecht Homo sapiens nennen.

Religion hat nichts mit Priestern, Kirchen, Dogmen oder Zeremonien zu tun. Religion ist, ohne Motiv zu lieben, denn nur dann sind wir wahre Menschen. Religion ist das Gesetz in mir. Meine Kirche bin ich selbst und ich bin der Jünger meiner eigenen Erkenntnis. Ich bin treu gegen den Gott in mir, denn der große unbekannte Weise heißt Selbst und wohnt in mir. Jeder Mensch ist Jesus oder Buddha. Sie hatten den gleich Gott in sich wie jeder von uns, nur haben sie es besser verstanden, ihn dort zu finden und auszudrücken.

Vervollkommnung finde ich nicht in Lehren, Begriffen und Büchern, sondern nur in mir selbst. Ich berufe mich nicht auf einen fremden Gott und verstecke mich hinter ihm, denn ich bin selber Schöpfer und wirke am Bau der Welt mit, im Guten wie im Schlechten. Und so wie ich darüber verfüge, beeinflusse ich die Qualität des Lebens um mich herum. Jeder Mensch trägt in seinen Händen die Samen, die sorgfältig in die Erde unseres täglichen Lebens gepflanzt werden wollen, auf dass sie die Früchte guter Taten und schöner Worte tragen. Und damit können wir unser Leben zu Bedeutung, Wert und Weite erheben.

Lerne zu werden, der du bist.
(PINDAR)

DIE KOSMISCHE UNSTERBLICHKEIT

Ich trachte nicht nach dem ewigen Leben, sondern ich schöpfe das jetzige aus. Mein Reich ist von dieser Welt. Was wirklich zählt, ist hier und jetzt intensiv und glücklich zu leben. Die Freude im Jetzt befreit uns triumphierend von aller Metaphysik.

Wir Lebenden sind nichts anderes wie Tote auf Sommerferien. Wir öffnen die Augen in der Nacht, erblicken ein Stück Erde, ein paar Sterne, ein menschliches Gesicht, und schließen sie dann für immer. Worüber sollen wir uns beklagen? Ist nicht alles, und währte es nur eine Sekunde lang, doch besser, als nie gewesen zu sein?

Nach meinem Tod leben meine Gene in meinen Kindern und Enkeln weiter. Sie werden in der kommenden Ahnenkette verdünnt, aber nie ganz ausgelöscht. Der materielle Teil von mir, also meine Körperorgane samt meinem Gehirn als Sitz des Bewusstseins, geht in Atome zerlegt in andere Lebensformen über und wirkt im ewigen Kreislauf aller Stoffe weiter. Neben meinen Atomen und Genen sind auch meine Gedanken unsterblich, solange ich sie mit anderen Menschen teile.

Ich bin ein Teilchen allen ewig in Fluss gehaltenen Seins. Alles fließt. Wir sind so unsterblich wie das Weltall. Jedes Atom meines Körpers besteht seit dem Urknall und wird bis ans Ende unseres Universums bestehen bleiben. Ich gebe mich ohne Verzweifelung mit dieser Art von kosmischer Unsterblichkeit zufrieden.

Der nichtmaterielle Teil meiner Persönlichkeit, also Unterbewusstsein, Geist oder Seele, hat während des Lebens in der sterblichen Körperhülle schon ein seltsames Eigenleben geführt. Das spricht dafür, dass er auch jenseits des Grabes weiter existieren wird. Vielleicht in einem höherdimensionalem Raum oder in einem kosmischen Bewußtseinspool. Unser bewusstes Ich wird es nie erfahren, weil es keinen Einblick in diese umfassendere Wirklichkeit hat.

Mach dir deine eigenen Götter
und unterlasse es,
dich mit einer schnöden Religion zu beflecken.
(EPIKUR)

Das verlorene Paradies

Als der Mensch vom Baum der Erkenntnis aß, verlor er das Paradies. Das Paradies war das unbewusste Leben, ein Leben ohne Sorgen und Gewissen, ohne Angst und Verantwortung. Es ist wie die Hölle kein Ort, sondern ein Seelenzustand. Und wie so oft belehrt uns erst der Verlust über den wahren Wert der Dinge.

Mit dem Bewusstsein wuchs die Erkenntnis, und zwar viel schneller als die Vernunft. Im bisherigen Verlauf der kulturellen Evolution wurde Wissen, Besitz und Macht angehäuft und verteidigt. Dies führte zu einem ständig wachsenden Ausmaß an Gewalttätigkeit. Doch Kriege führen auch die Ameisen, Staaten haben auch die Bienen und Reichtümer sammeln auch die Hamster. Warum soll der Mensch die Krone der Schöpfung sein? Die Entwicklung vom Einandertotschlagen mit Steinbeilen bis zum Töten mit ferngesteuerten Drohnen kennzeichnet den enormen technischen Fortschritt, hinter dem der ethische und moralische jedoch völlig auf der Strecke blieb.

Der Weg der Gewaltlosigkeit wird nur von wenigen Menschen begangen und er wird niemals der Weg der Mächtigen und Regierenden sein. Sie werden weiter regieren und raffen, korrumpieren und die Macht mit aller Macht verteidigen. Die vielen Gleichgültigen werden weiter mitlaufen und die wenigen Wachgewordenen werden dieser Welt der Gewalt ab und zu so wunderbare Rettungsversuche entgegensetzen wie Buddha, Sokrates, Jesus oder Gandhi.

Doch nicht nur gegen seine Mitmenschen ist der Mensch gewalttätig, auch gegen seine Mitlebewesen auf diesem Planeten. Wälder werden abgeholzt, fruchtbarer Boden wird versiegelt und Meere werden verschmutzt, wodurch weitere Tier- und Pflanzenarten unwiederbringlich ausgerottet werden. In maßloser Hochmut sehen die Menschen in der Natur in erster Linie ein Rohstofflager zur Befriedigung ihrer Bedürfnisse.

Seit 200 Jahren heizt eine irre Profitgier unter der Fahne des Fortschritts die übersteigerten Ansprüche an und weckt Bedürfnisse, die in keinem Verhältnis mehr zu den Gegebenheiten stehen. Fortschritt ist für den modernen Zivilisationsmenschen scheuklappenartig reduziert auf den technischen Fortschritt.

Dabei kümmert es ihn wenig, wohin er denn stetig fortschreitet. Er spielt sich zum Ersatz-schöpfer auf und glaubt an das immer größer, immer schneller, immer mehr und immer weiter – an Wachstum ohne Sinn und Ende.

Aber haben der Straßenverkehr, die Kernkraft, das Handy oder die Aktienmärkte unsere existenziellen Lebensfragen auch nur ansatzweise gelöst? Würde Platon zu uns zurückkehren, was könnten wir ihm sagen, was auf seiner Höhe stände, seiner würdig wäre und ihn fesseln könnte?

Vor lauter Egoismus und Kurzsichtigkeit auf der eitlen Jagd nach Geld und Macht sind die meisten Menschen blind für die breite Spur von Trümmern und Verwüstungen, die sie hinterlassen. Sie finden ihre Sicherheit nicht in sich selbst, sondern in ihrem Besitz und schaffen sich eine künstliche Welt aus bequemen Abhängigkeiten, scheinbaren Sicherheiten und oberflächlichem Glück. Sie zerstreuen sich unmerklich bis zu ihrem Tod mit Vergnügungen, die sie daran hindern, über sich selbst nachzudenken.

Arm ist nicht, wer wenig besitzt,
sondern wer mehr haben will.
(SENECA)

VERWEIGERN IST NICHT VERZICHTEN

Die vom Menschen fabrizierten Dinge haben einen Preis, aber haben sie auch einen Wert? Der geschäftige Mensch fragt sich nicht, ob jemand diese Dinge wirklich braucht. Ihn interessiert auch nicht, ob etwas Schönes oder Gutes entsteht. Er will, dass es schnell, billig und in Massen gemacht wird. Das Billige ist der Feind des Guten geworden. Anstatt intelligente, sparsame, umweltfreundliche und langlebige Produkte herzustellen, werden energieaufwendige Massen-, Fließband- und Wegwerfprodukte produziert, die sich weltweit zu riesigen Müllbergen türmen.

Diese jämmerlichen Dinge sind wie ein Holzkreuz, an dem die Arbeiter sinnlos gekreuzigt werden. Die Arbeit ist nicht mehr schöpferisch und der Beruf ist keine Berufung mehr, sondern nur noch ein Job im alltäglichen Rattenrennen. Die Arbeit ist dem Menschen nicht mehr angemessen, weder seinem Herzen noch seiner Freude. Sie ist hässlich geworden, zwecklos und verzehrend. Sie zerstört täglich die Schönheit des Lebens. Die Menschen sind zu Schrauben und Rädern einer sinnlosen Maschine geworden, die sich unter Sirius und Kassiopeia im Leerlauf dreht.

Durch die globale Gehirnwäsche wird der Mensch bis zur Selbstaufgabe konditioniert. Wie ein Herdentier trottet er konsumhörig und angepasst jedem Trenddiktat der Bedürfnisproduzenten hinterher. Dumpf und abgestumpft lässt er sich vom großen Jahrmarkts-Bumbum notzüchtigen. Die Welt hat genug für jedermanns Bedürfnisse, aber nicht für jedermanns Gier. Je mehr er hat, desto mehr verlangt er. Anstatt das zu genießen, was er hat, denkt er vielmehr an das, was ihm noch fehlt.

Ich fühle mich nicht wohl in dieser autoverseuchten Beton-, Plastik- und Glasfassadenwelt. Ich mache ganz entschieden Schluss mit der Technik- und Tempo-Tyrannei und wage bewusst die „Ent-Wicklung" aus der Verstrickung von Technik und Natur-zerstörung, Gewalt und Verschwendung. Ich fühle mich zu Höherem geboren als ständig neue Automaten zu bedienen. Ich meide zunächst mal alles, was der Masse gefällt. Es gibt ein Verweigern, das nichts mit Verzichten zu tun hat. Es ist auch ein Vergnügen, wenn man mit Vergnügen auf etwas verzichtet. Nicht zu wollen, was man wollen soll, ist der Anfang aller Weisheit.

Durch die Auflehnung gegen diese künstliche Welt lebe ich bewusster und erkenne besser, was ich wirklich will: Ich will ein einfaches und aufrichtiges, ein natürliches und freies Leben führen. Ich will unabhängig von den zahllosen Fesseln und Ersatzbefriedigungen der Zivilisation sein. Weit weg von ihrem Gedröhne will ich in der magischen Stille zwischen Selbstverständlichem und fast Vergessenem zu meinen Quellen kommen.

Um an die Quelle zu kommen, muss man gegen den Strom schwimmen. Ich will dem eigentlichen Leben näher kommen und jeden Tag in seiner neuen Schönheit erleben. Ich möchte auf dieser prachtvollen Erde mit vollem Vertrauen in die Welt und im völligen Frieden mit mir selbst leben.

Das Paradies des unbewussten Lebens ist unwiederbringlich verloren, aber durch ein bewusstes Leben, das sich selbst erkennt und dem Weltganzen verwandt fühlt, kann jeder das Paradies in sich selbst wiederfinden. Das Paradies befindet sich in den reinen Herzen.

Finde im Verzicht Genuss,
dann siehst du das Große im Kleinen
und das Viele im Wenigen.
(LAOTSE)

Führen und Wachsen lassen

DIE WELT VERÄNDERN

Geschichte ist die ewiggleiche dumme Prügelei der Ehrgeizigen um die Macht, der endlose und geistlose Bericht über die Vergewaltigung der Schwächeren durch die Stärkeren. Wir leben in einer Welt, in dem die Menschen von selbstgefälligen, kurzsichtigen Politikern und mächtigen, profitgierigen Bonzen irregeführt werden zu einem Leben auf Kosten der Armen, der Umwelt und den zukünftigen Generationen. Wir leben in einer Diktatur des Jetzt, die zugleich die Vergangenheit und die Zukunft plündert für den Überfluss der Gegenwart. Diese Tatsache hört nicht auf zu bestehen, nur weil sie ignoriert wird.

Es wundert mich nicht, dass die Mächtigen und Besitzenden nicht an dem Ast sägen, auf dem sie so komfortabel sitzen. Die Umwelt und die zukünftigen Generationen können sich nicht wehren. Aber was ist mit den Armen, Unterdrückten und Benachteiligten? Warum zeigen sie nicht ihre Wut?

Warum ertragen sie mit scheinbar unendlicher Geduld das Unrecht? Die Macht sitzt nur auf gebeugten Rücken sicher. Warum richten sie sich nicht auf? Warum holen sie sich nicht, was ihnen zusteht? Das Problem ist doch nicht, dass sie nicht wissen, was zu tun ist, sondern dass sie es nicht tun.

Desto ernsthafter es mir um Gerechtigkeit geht, desto weiter rücke ich politisch nach links. Meine Position ist extrem links und gewaltlos. Einer Partei trete ich aber niemals bei. Mir gefällt alles außerparlamentarische, basisdemokratische und anarchische. Wichtig sind mir vor allem intelligente Visionen, denn wenn die utopischen Oasen austrocknen, breitet sich eine Wüste von Banalitäten aus.

Regieren ist keine Sache für Leute mit Charakter. Um politisch an eine wirkliche Machtposition zu gelangen, muss man sich verbiegen. Kompromisse und Sachzwänge pflastern den Weg, der immer weiter weg führt von den Anfangsidealen. Und dann ist die höchste Machtposition letztendlich auch nur eine Marionette an den Fäden der einzigen wirklichen Macht auf unserem Planeten: dem Gott Mammon, vertreten durch die großen Konzerne, Investoren und Banken mit ihrer kannibalistischen Weltordnung.

Die Macht der Politiker gleicht dagegen eher einem Karnevalsumzug für das Volk. Die Diktatur des globalisierten Kapitals hat mehr Macht, als die größten Staatsführer und Könige je hatten. Aber sie verhindert trotzdem nicht, dass weltweit alle 5 Sekunden ein Kind verhungert. Das entspricht nicht den höchsten Höhen der Humanität, sondern eher den tiefsten Tiefen wie Auschwitz und Hiroshima.

Mit ihrer neoliberalen Wahnidee der Renditemaximierung und Wachstumsbeschleunigung privatisiert sie Gewinne und sozialisiert Verluste. Damit vergrößert sie nur das Elend, schürt den Hass und sät den Terror. Wenn keine Wut der Welt diese Macht zerstören wird, wird sie sich zwangsläufig selbst zerstören, weil ein unendliches Wachstum im endlichen Raum unseres Planeten nicht möglich ist.

Das Argumentieren, Debattieren und Beantragen ist für mich unter den Bedingungen dieser Scheindemokratie keine echte Alternative zum Schweigen, Lächeln und vorbildlichen Leben. Mein Leben kann Vorbild sein. Auf jeden Fall ist es die Ankündigung einer anderen Möglichkeit zu leben.

Wenn jeder so leben würde, sähe die Welt anders aus. Aber ich bin nicht dafür verantwortlich, was die anderen tun. Ich bin verantwortlich für das, was ich tue. Und ich bin auch verantwortlich für das, was ich nicht tue. Anstatt Öl kann ich Sand sein im Getriebe der geschäftigen Welt und Salz in ihren Wunden. Indem ich unbequem, ungehorsam und für die Geschäftigen unnütz bin.

Ich kann weder das Unrecht der Welt beseitigen noch die Welt ändern. Verändern können sich nur die Menschen, und zwar jeder nur sich selbst. Dass dann auch die Welt eine andere wird, ist unausweichlich.

Zuerst ignorieren sie dich.
Dann lachen sie über dich.
Dann bekämpfen sie dich.
Und dann gewinnst du.
(Mahatma GANDHI)

LERNZIEL LEBEN

Schwerfällig dümpelt die staatliche Institution Schule in den trüben Gewässern von politischer Unfähigkeit und pädagogischer Resignation vor sich hin. Sie spricht seit 100 Jahren nur mit sich selbst, hört mit größter Arroganz und Ignoranz nicht auf andere und gefällt sich dabei außerordentlich gut. Eine Mischung aus läppischen Aktivitäten und ärgerlicher Untätigkeit ist die vernichtende Bilanz der Bildungspolitiker, die zu allem Überfluss die Pädagogik auch noch unter die Knute der Ökonomie gestellt haben. Die Schulen sind Spiegelbild einer Gesellschaft, die sich zunehmend an äußeren materiellen Werten orientiert. Sie bereiten die Kinder auf die Arbeitswelt der Erwachsenen vor.

Bei der Bildung geht es schon lange nicht mehr um ihren Wert, sondern nur noch um ihren Preis. Doch gute Bildung braucht viel mehr Geld. Mehr Lehrer, vor allem mehr Lebemeister und weniger Lehrmeister. Mehr Zeit für Werterziehung, mehr Zeit für Charakter- und Herzensbildung. Mehr Zeit für kritisches Denken, mehr Zeit für die Entwicklung von Verantwortung und Solidarität. Kleinere Klassen und sehr viel weniger Lernstoff.

Das meiste, was die Kinder in der Schule lernen, brauchen sie im Leben nicht wirklich. Das meiste, was sie im Leben wirklich brauchen, lernen sie in der Schule nicht. Auf Wissensstoff, der im Leben sowieso wieder vergessen wird, kann verzichtet werden.

Bildung ist keine Hilfe zum Weltverstehen mehr, sondern nur noch eine Anhäufung toten Wissens. Sie erschlägt das Fragen, indem sie Antworten gibt, längst bevor das Fragen beginnt. Dabei sind die Fragen oft tiefer als die Antworten. Ein Kind ist kein Fass, in das man Wissen einfüllen muss, sondern eher ein Schwamm, der Wissen aufsaugt. Der Geist ist keine Scheune, die man füllt, sondern eine Flamme, die man nährt.

Die heutigen Schüler wissen immer weniger über immer mehr. Diese Stoffüberfülle führt zu Oberflächlichkeit und Kulturlosigkeit. Es geht nur noch um den Zuwachs des Wissens und nicht um den Wert. Sie werden auf Karriere und Konsum und nicht auf das Leben vorbereitet, so kommt der Instinkt für das Einfache und das Ganze abhanden. Ohne Gesamtschau erschlagen die vielen unwesentlichen Dinge das Wesentliche. Wer kann noch die größten Dinge auf die einfachste Art sagen?

Die größten Dinge werden allzu oft umständlich in komplizierte Theorien verpackt. Das schützt sie gegen jegliche Anfechtungen und macht sie ebenso wirklichkeitsfern wie langweilig. Was so manchen Rednern und Schreibern an Tiefe fehlt, ersetzen sie durch Länge.

Doch wahre Bildung heißt, das Kompliziertere auf das Einfachere zu reduzieren. Wirklich Verstehen heißt Zusammenfassen und dabei in großen Zusammenhängen zu denken. Vollkommenheit entsteht nicht dann, wenn man nichts mehr hinzuzufügen hat, sondern wenn man nichts mehr wegnehmen kann. Kurzgesagtes kann die Frucht von vielem Langgedachten sein. Und Denkweite ergibt sich nur aus Sprachkürze.

Einfachheit ist der gesunde Menschenverstand, der nicht künstlich verbildet ist. Durch Einfachheit gewinnt das Leben Sammlung und Ordnung und dadurch eine einzigartige Konzentration von Kraft und Geschmack. Das Leben verliert das Künstliche und Gezierte und gewinnt etwas Freies und Natürliches. Das Vorleben der Einfachheit führt die Kinder die ersten Schritte auf den Weg der Lebenskunst.

Dabei sollten wir die Kinder nicht ins Haus unserer Weisheit führen, sondern an die Schwelle ihres eigenen Geistes. Wirkliche Erziehung hilft ihnen, auf eigenen Füßen zu stehen und selbst herauszufinden, was sie in ihrem Leben leidenschaftlich gerne tun. Als Eltern, Lehrer oder Erzieher setze ich dabei meine ganze Persönlichkeit mit dem Ziel ein, mich sobald wie möglich zu erübrigen.

Ich will durch mein Sein und meine Taten überzeugen und nicht durch Worte und Gleichnisse. In mir muss das brennen, was ich in anderen entzünden will. Und das geht nur mit einer aufrechten Haltung, denn einer, der sich selbst krümmt, kann andere nicht gerade machen. Was jemand ist, spricht immer lauter, als was er sagt. Bildung wurzelt nicht im Wissen, sondern im Sein. Erziehen heißt vorleben, alles andere ist höchstens Dressur.

Wird dereinst der Tag kommen,
an dem die Natur des Menschen Lehrer wird,
die Menschlichkeit sein Lehrbuch
und das Leben seine Schule?
(Khalil GIBRAN)

Zeit oder Geld

DER WAHRE REICHTUM

Wozu Mikrowelle und Klimaanlage, Wäschetrockner und Eierkocher, Handy und Häcksler? Wozu dieser ganze teure, unnötige, energieverschwendende und umweltzerstörende Schnickschnack? Ich habe die Erfahrung gemacht, dass private technische Abrüstung das Leben billiger und gleichzeitig reicher, stressfreier und fröhlicher macht.

Denn wenn ich weniger konsumiere, brauche ich weniger Geld und somit weniger Zeit, um es zu verdienen. Die Zeit, die zur Gewinnung des Geldes notwendig ist, ist ein Verlust. Ich bin lieber reich an sonnigen Stunden als reich an materiellen Dingen, für deren Beschaffung und Pflege ich meine kostbare Zeit opfern müsste.

Ich schätze das einfache Leben höher als materielle Werte. Durch Einfachheit gewinnt mein Leben Sammlung und Ordnung. Der Stolz der Einfachheit ist mein Reichtum, denn der ist der Reichste, dessen Freuden am wenigsten kosten.

Ich bezahle nichts für meine Vergnügungen wie Naturgenuss, ungestörte Einsamkeit und Stille. Sie sind kostenlos und doch so kostbar. Der Genuss eines müßigen Lebens kostet kein Geld und mehrt den inneren Reichtum der Seele. Wahrer Reichtum wohnt nicht im Haus, sondern im Herzen der Menschen. Was braucht derjenige noch, der alle Schätze in sich weiß?

Ich habe lieber viel Zeit, um den Sonnenschein des Lebens zu genießen und um mich in absichtsloser Achtsamkeit den Feinheiten des Lebens zuzuwenden. Wenn ich die Bilanz der Stunden mache, die in meinem Leben wirklich gezählt haben, dann sind es solche, die mir kein Vermögen der Welt verschafft hätte.

Wer kann mir für einen Zentner Gold einen schönen Gedanken verkaufen? Wer kann mir für eine Handvoll Schätze aus meinem Tresor einen Augenblick der Liebe geben? Wer vermag mir für all meinen Reichtum ein Auge zu leihen, das die Schönheit sieht?

Glücklichsein ist eine Frage der Einstellung und nicht des Besitzes. Meistens hat alles das, was seinen Preis hat, wenig Wert. Ich brauche kein Geld, um sauber und würdig zu sein.

Ich verweigere bewusst die materiellen Dinge, denn ich will kein Genarrter des materiellen Reichtums sein, sondern ein Genießer der Wirklichkeit.

Wie zahlreich sind doch die Dinge, die ich nicht wirklich brauche. Eine Überzahl an Dingen verstopft meinen Alltag, zerfasert meine Aufmerksamkeit und lenkt mich von den wesentlichen Dingen ab. Sie halten mich an der langweiligen Oberflächlichkeit des Lebens fest, während ich mich nach Sinn und Fülle, nach Tiefe und Schönheit sehne.

Wer sich in Genügsamkeit genügt, hat stets genug. Und wem genug zu wenig ist, dem ist nichts genug. Die schönste Frucht der Genügsamkeit ist Freiheit, denn je weniger Bedürfnisse ich habe, desto freier bin ich. Das glückselige Leben besteht in der Beruhigtheit des Geistes und in der Freiheit von allen Pflichten. Das Nichtssein und Nichtshaben gibt dem Menschen eine unermessliche Freiheit. Das Freisein von eitler Begierde nach überflüssigen Besitztümern und Anerkennung führt zu großer persönlicher Kraft.

Es gibt Leute,
die zahlen für Geld jeden Preis.
(Arthur SCHOPENHAUER)

EIN BREITER RAND AM LEBEN

Freie Zeit ist das köstlichste Gut, das ein vernünftiger Mensch besitzen kann. Die Zeit ist mein Freund und ich bestimme selbst über meine Zeit. Ich halte jegliche Verpflichtungen weit von mir fern, weil sie mit ihren vielen kleinen Fäden mein Dasein einschnüren. Alle, die mich in Anspruch nehmen, entziehen mich mir selbst. Deswegen lebe ich lieber im Verborgenen.

Wem es gelingt, sich nichts von seiner Zeit nehmen zu lassen, dessen Leben ist das längste und reichste, weil es ganz ihm selbst gehört. Ich lasse einen breiten Rand an meinem Leben, damit ich die fruchtbaren Momente des Tages ergreifen kann. Die Zeit ist ein Bach, in dem ich angeln gehe.

Zeit haben und Ruhe haben, und vielleicht noch einen Garten, das sind die eigentlichen Luxusgüter in diesem Leben. Auch der reichste Mensch besitzt nichts als den gegenwärtigen Augenblick. Es kommt darauf an, sich aus dem Gefängnis des Alltagsgetriebes zu befreien um sich nicht vereinnahmen zu lassen. Am kürzesten ist das Leben der Vielbeschäftigten.

Man sollte so frei und unabhängig sein, dass man dem eigenen Gefühl folgen kann und nicht dem, was sich die Zeitgeistingenieure für uns ausgedacht haben.

Man verliert die meiste Zeit damit, dass man Zeit gewinnen will. Dabei verweilt die Zeit lange genug für den, der sie nutzen will. Um seine Zeit nicht zu verlieren, muss man sie in ihrer ganzen Länge auskosten. Man sollte im wahrsten Sinne des Wortes abschalten: Fernsehen, Computer, Telefon, Klingel – sich, seinem Herzen, seinen Augen und seinen Ohren sooft es geht Ruhe gönnen. Wir sind umso reicher, je mehr Dinge wir lassen können. Loslassen ist der Schlüssel zum Glück, denn loslassen heißt, alles zu haben.

Überall unter dem Himmel fließt der Strom des Lebens verschwenderisch reich. Wichtig ist dabei nicht die Tiefe, Breite oder Gewalt des Flusses, sondern die Reinheit und das Fassungsvermögen der Schale, die ich hineintauche. Ich will in den tiefen Strom eines besinnlichen Lebens eintauchen, der sich durch entlegene und fruchtbare Wiesen schlängelt. Denn das Glück besteht im schönen Fluss des Lebens. Und das Glück wird lautloser, je tiefer es wird.

Ich sehne mich nach Muße und Stille, um mein Leben in die richtige Bahn zu lenken, wo es nach seiner eigenen Strömung fließen soll.

Die weisen Menschen der alten Zeit nährten sich vom Garten der Wunschlosigkeit, um im Raum freier Muße zu wandern. Sie ließen sich an der Schwelle des Augenblicks nieder, auf dieser Insel der Gegenwart, um die Windstille der Seele einkehren zu lassen.

Einen Tag ungestört in Muße zu verleben, heißt einen Tag lang ein Unsterblicher zu sein. Was sind schon 70 hastig gelebte Jahre gegen die Augenblicke herrlicher Muße, in denen sich mein Leben mit dem Weltganzen vereinigt?

Um glücklich zu sein braucht man viel Zeit. Reich sein heißt, Zeit haben zum Glücklichsein. Und wir haben in der Kürze der Zeit genug Zeit, wenn wir sie uns schenken.

Es ist gut, wenn uns die verrinnende Zeit nicht als etwas erscheint, das uns verbraucht, sondern als etwas, das uns vollendet.
(Antoine de SAINT-EXUPÉRY)

Das Leben als Kunstwerk

DEN EIGENEN WEG GEHEN

Wie viel Erstaunliches liegt in der einfachen Tatsache beschlossen, dass man lebt? Dass man hier und jetzt da ist, dass man frei handeln und denken kann, dass man teilnehmen und träumen kann, dass man fühlen und genießen kann, dass man lieben und sich freuen kann?

Leben heißt, das Fest des Daseins zu feiern. Und das Dasein ist köstlich, wenn es zum Selbstsein wird. Man braucht nur den Mut zu haben, sein eigenes Leben zu führen. Glück entsteht da, wo einer seinen eigenen Weg geht und danach strebt, sich in der Fülle seiner Möglichkeiten selbst zu verwirklichen.

Doch der Mut zum eigenen Wesen ist etwas unendlich seltenes, denn es ist nicht leicht, der zu werden, der man ist. Sich ein wahrhaftiges Leben zurechtzulegen, erfordert mehr Kunst und Feingefühl als irgendein anderes Werk. Die meisten Menschen bleiben ihr Leben lang nur unbeholfene Lehrlinge in dieser schwierigsten aller Künste, der Kunst zu leben.

Wo investiere ich meine Zeit, meine Kraft und meine Liebe? Wenn ich auf mein Leben zurückblicke, auf die Dinge, die in meiner Kindheit gut waren, die ich bis jetzt wahrhaft geliebt habe, die meine Seele angezogen und beglückt haben, die mein Dasein veredelt haben, dann erkenne ich: Alles ist dort, denn dort bin ich.

Die Reihe dieser verehrten Gegenstände stelle ich vor mir auf. In ihrem Wesen und in ihrer Folge erkenne ich ein Gesetz: das Grundgesetz meines eigentlichen Selbst. Es ist die Lehre, die mein Blut mir rauscht. Ich liebe, was ich meinem Wesen nach bin. Jeder geliebte Gegenstand ist der Mittelpunkt eines Paradieses.

Diese guten, vollkommenen Dinge strahlen eine goldene Reife aus, die mein Herz heilt. Sie sind Reflexe meiner Vollkommenheit. Dies können Gemälde, Skulpturen, Romane, Gedichte, Lieder und Filme sein, die für mich Kunstwerke sind, aber auch Steine und Pflanzen, Düfte und Farben. Von ihrer Schönheit ernährt sich meine Seele.

Auch die großen Weisen aller Zeiten kann ich mit ihren Werken zu einem stillen Geheimbund der Seelenverwandten um mich herum versammeln. Für mich gehören dazu:

Henry David THOREAU
Friedrich NIETZSCHE
Maurice MAETERLINCK
Hermann HESSE
Khalil GIBRAN
Jiddu KRISHNAMURTI
Antoine de SAINT-EXUPÉRY
Albert CAMUS

Sie haben das, was ich für das Wesentliche des Lebens halte, geahnt und ihm näher zu kommen versucht. Aus ihren Büchern genügt oft nur ein Satz, um mich für lange Zeit zu füllen. Mit ihnen kann ich jederzeit den Maßstab des Großen aufrichten. Das erhebt mich über die Nichtigkeiten des Alltags und lässt mich wie auf einem Berg leben.

Ein echter Künstler ist,
wer in Wahrheit sein Dasein
zur schönsten Harmonie gebracht hat.
(PLATON)

DIE STIMME DES GROSSEN GEHEIMNISSES

Die wirklichen Wunder machen keinen Lärm. Die größten Ereignisse, das sind unsere stillsten Stunden. In den Tiefen meiner Seele wohnt ein Lied, das in der Stille erklingt und beim Lärm verstummt. Ich kann mich mit der Wohltat einer vollkommenen Stille überschütten und durch Denken oder Träumen meine Seele in Schwung bringen.

Sich der Stille auszusetzen ist wie der Gang zu einem Brunnen, dessen Wasser unerschöpflich ist. Sie ist eine sprudelnde Quelle der Inspiration. In der Stille, in der Mitte, in der Tiefe kann ich meine Quellen wieder auffüllen. Stille ist die größte Offenbarung, denn Stille ist die Sprache des Geistes. Ein lebendiger Geist ist ein stiller Geist.

Wenn ich der leisen Stimme lauschen will, die immer in mir spricht, dann kann ich sie nicht hören, wenn ich selbst spreche oder anderen zuhöre. In einem Brunnen kann ich nicht bis zum Grund schauen, wenn das Wasser in heftiger Bewegung ist. Die Aufmerksamkeit auf meine innere Stimme ist wie ein schönes Gebet und das Schweigen ist der umfriedete Garten meines Glücks.

Im Schweigen vollzieht sich echte Erkenntnis. Für die Indianer ist das Schweigen die Stimme des großen Geheimnisses und seine Früchte sind Geduld, Würde, Ehrfurcht und innere Weite. Nur dadurch kann etwas Wertvolles in uns wirken und wachsen.

Alles Große begibt sich abseits von Markt und Ruhm. Es meidet alles, was der Masse gefällt. Weltflüchtig und lebensfern, romantisch und müßiggängerisch sind die Eigenschaften der Menschen, die das Leben durchschaut haben und es nicht mehr allzu wichtig nehmen. Stille tritt ein, wenn man das Ganze des Lebens verstanden hat.

Alle Weisen der Menschheit lebten ein Leben der Einfachheit und Unabhängigkeit. Weisheit gedeiht nur abseits am Rande des Lebens, jenseits der großen Straße. Gesellschaft, selbst mit den Besten, wirkt bald ermüdend und zerstreuend. Die Menschen, die uns begegnen, sind oft nicht so lehrreich wie das Schweigen, das sie brechen. Wenn ich alleine bin, bin ich am wenigsten allein. Es gibt kaum einen Gesellschafter, der so gesellig ist, wie die Einsamkeit.

Ich genieße immer wieder die Einsamkeit, die innere Abgeschiedenheit, denn nur wenn man alleine ist, ist man frei. Einsamkeit ist wie ein ruhiger Sturm, der unsere toten Teile zerbricht und unsere lebendige Wurzel tiefer in das lebendige Herz der lebendigen Erde treibt.

Meine innere Stimme lehrt mich, wo meine stärksten Wurzeln verlaufen. Wenn ich dann noch darauf achte, dass nichts zwischen mir und dem Licht tritt, kann ich so wachsen, wie meine Natur es verlangt und mein Leben zu Bedeutung, Wert und Weite erheben. Denn mein Geist braucht Weite und Licht, glühende flammende Himmel und die Trunkenheit, die all diese Dinge wecken, um die Wogen und den Horizont des dunklen Meeres ein wenig begreifen zu können.

Nur wenn ihr vom Fluss der Stille trinkt,
werdet ihr wirklich singen.
(Khalil GIBRAN)

MIT DEM HERZEN SEHEN

Ich bin auf die Welt gekommen, um im Licht der Schönheit und im Glanz der Liebe zu leben. Liebe ist die Sonne meiner Seele. Leben ohne Liebe gleicht einem Baum ohne Blüten und Früchte. Zu lieben heißt, nichts dafür zu verlangen, ja noch nicht einmal zu spüren, dass ich etwas gebe. Wahre Liebe kann sich nur bei völliger Selbstlosigkeit entfalten und verausgabt sich nicht. Je mehr ich gebe, umso mehr verbleibt mir. Was ich aus Liebe mache, kann mich nicht entwürdigen.

Liebe ist immer lebendige Gegenwart. Wenn aufrichtige Liebe da ist, dieses Brennen und Ergriffensein, diese Inbrunst und Hingabe, dann erkenne ich das Wesentliche, was unser Leben veredelt. Ich kann es nur mit dem Herzen sehen, weil es für die Augen unsichtbar ist.

Alle Tage rauscht die Fülle der Welt an uns vorüber. Alle Tage blühen Blumen, strahlt das Licht, lacht die Freude. Doch alle Dinge leuchten nur in dem Licht auf, das aus uns selbst kommt. Sie leuchten nur in den Strahlen aus der Tiefe unseres Herzens, um mir die Freude zu schenken, die sie bergen.

Immer umgibt uns ein Überfluss des Schönen und Schönheit ist die Religion der Weisen. Was wirklich zählt, ist die Schönheit, die ich in mein Leben bringe. Wenn Liebe und Schönheit in mir wohnen, bilden sie in meiner Tiefe einen unerschöpflichen Schatz, über den sich mein Glück ausdehnen und damit mein Herz weiten kann.

Die Welt gehört dem, der in ihr heiter und gelassen nach hohen Zielen wandert. Heiterkeit erwächst aus der Realisierung des Schönen und ist immer ein Zeichen von Freiheit. Gelassenheit schärft den Blick für das Wesentliche, sie ist die anmutigste Form des Selbstbewusstseins. Wer staunen und lieben kann, wird beim Gehen des eigenen Weges auf Schritt und Tritt beschenkt. Die Phantasie wird eher im Wahrnehmen müde, als die Natur im Zeigen. Der Weg ist mein Ziel und wohin ich auch gehe, gehe ich mit ganzem Herzen.

Die Schönheit wird die Welt erretten.
(Fjodor DOSTOJEWSKI)

DER WEG ZUR TIEFSTEN FREUDE

Ich will das verborgene Lächeln und den geheimnisvollen Schmuck der unberechenbaren und namenlosen Stunden sehen. Jeder Schmuck ist seinem Wesen nach Freude. Es gibt so viele einfache Kleinigkeiten, aus denen ich mir eine helle Kette von kleinen Freuden und Genüssen in mein Leben flechten kann. Es gibt so viele einfache Anlässe zum Glück, die ich als Vorrat in mir anhäufen und denen ich Altäre bauen kann.

Der Weg zur tiefsten Freude ist mein Ziel und der Weg selbst ist ein endloses Ankommen. Wenn ich mein Gesicht der Sonne zuwende, fallen die Schatten hinter mich. Wer das Licht liebt, wird auch vom Licht geliebt. Glücklich ist, wer frei einen weiten Horizont genießt und auf seine Zukunft wie auf ein glattes Meer blickt, auf dem sich kein Verlangen kräuselt.

Es gibt keinen Weg zum Glück denn Glück ist der Weg. Glück ist die tiefe, unerschütterliche Seelenruhe, wenn man sich von den Kämpfen des Lebens befreit hat um triumphierend im Sein zu verharren. Um still lächelnd die vollkommene Gegenwart einzuatmen. Und wenn man lächelt, lächelt das Leben zurück.

Eine Reise kann eine selbstbestimmte Mußezeit sein und ein Trunk aus der Quelle des Lebens. Nicht der hat am meisten zu erzählen, der am weitesten gereist ist, sondern der am tiefsten gelebt hat. Deswegen kommt es nicht darauf an, in die Ferne zu reisen, sondern in die Tiefe. Jede Reise nach innen bewirkt, dass ich meinem gegenwärtigen Leben und damit auch meinem Alltag mehr Bedeutung, Schönheit und Sinn abgewinne.

Ich hüte die Flamme in mir und frage die Augenblicke nach ihrer Innigkeit. Ich hüte meine Zeit und pflege das, was ich schätze. Ich hüte den Müßiggang, weil ich mich in ihm meinem eigenen, unwiederholbaren Leben und meiner eigenen, unwiederbringbaren Zeit zuwenden kann. Der Müßiggang ist ein Weg, das Leben in Kunst zu verwandeln. Bei meinem Weg kommt es nur darauf an, dass ich auf etwas zugehe und nicht, dass ich ankomme. Denn ich komme nirgendwo an, außer im Tod.

Versuch immer, ein Stück Himmel
über deinem Leben zu haben.
(Marcel PROUST)

STOLZES STERBEN

Wenn das Alter oder eine unheilbare Krankheit bewirken, dass mein Körper Stück für Stück zerstört wird und mir nur noch das bloße Dasein in einer gnadenlosen Medizinmaschinerie übrig bleibt, dann will ich lieber dem Tod ins Gesicht sehen. Wenn ich mir selbstbestimmt, freiverantwortlich und wohlüberlegt einen Ausweg eröffne, bin ich nicht lebensmüde, sondern höchstens leidensmüde. Nichts hat das ewige Gesetz besser geordnet, als dass es uns nur einen Eintritt in das Leben, aber viele Wege hinaus gegeben hat. Allein die Freiheit zum Tod kompensiert das Diktat der Geburt.

Dem selbstbestimmten Sterben gebührt Respekt und Unterstützung, damit der Sterbewillige nicht auch noch in grausame, qualvolle oder gar Dritte gefährdende Suizide getrieben wird. Allein der beruhigende Gedanke, den Schlüssel zu einer Exit-Strategie jederzeit bei sich zu haben, ist schon ein starkes Trostmittel und gibt Mut zum Weiterleben. Diesen Schlüssel darf man niemandem vorenthalten.

Wenn es nicht mehr möglich ist, auf eine stolze Art zu leben, will ich wenigstens auf eine stolze Art sterben und so heiter wie Sokrates den Schierlingsbecher trinken oder auf die natürlichste Art Sterbefasten. Ich werde leben, solange ich will, und nicht, solange ich kann. Wichtig ist nur die Beschaffenheit und nicht die Länge des Lebens. Denn am Ende werden die Tage gewogen und nicht gezählt. Nicht die Jahre in unserem Leben zählen, sondern das Leben in unseren Jahren.

Den Tod fürchten die am wenigsten,
deren Leben den meisten Wert hat.
(Immanuel KANT)

Talisman

Entdecke wer Du bist
Zieh Dich oft in Dich selbst zurück
Lausche der leisen Stimme in Dir
Bilde Deine Intuition aus
Sei immer Du selbst
Stoß zu geistiger Unabhängigkeit vor
Mach Dir Deine eigenen Götter
Lass nichts Äußeres Dich beherrschen
Verweigere bewusst
Sei Herr Deiner Zeit
Lass den Tag Dich durchdringen
Frage die Augenblicke nach ihrer Innigkeit
Wachse wild wie Deine Natur es verlangt
Lass nichts zwischen Dir und das Licht treten
Gestalte Dein Leben bewusst als Kunstwerk
Stelle gute vollkommene Dinge um Dich
Lebe im Licht der Schönheit
Lebe lustvoll
Lebe im Verborgenen
Übe Dich in Einfachheit
Richte Deinen Rücken gerade
Geh Deinen Weg und lass die Leute reden
Wohin Du auch gehst,
geh mit Deinem ganzen Herzen